三瀬《みつせ》の風

〜史跡でたどるふる里の歴史〜

嘉村 孝

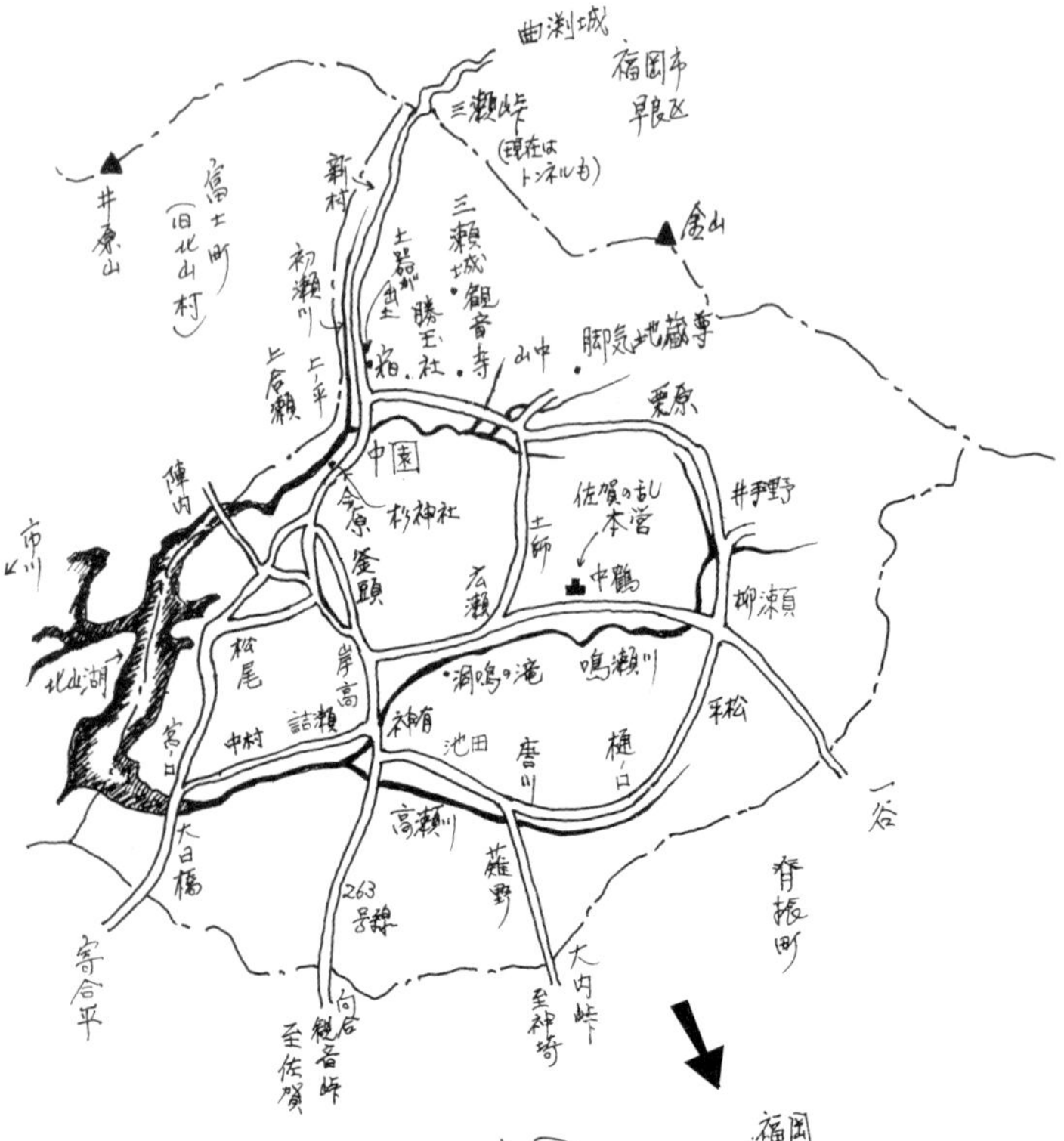

三瀬村極略図

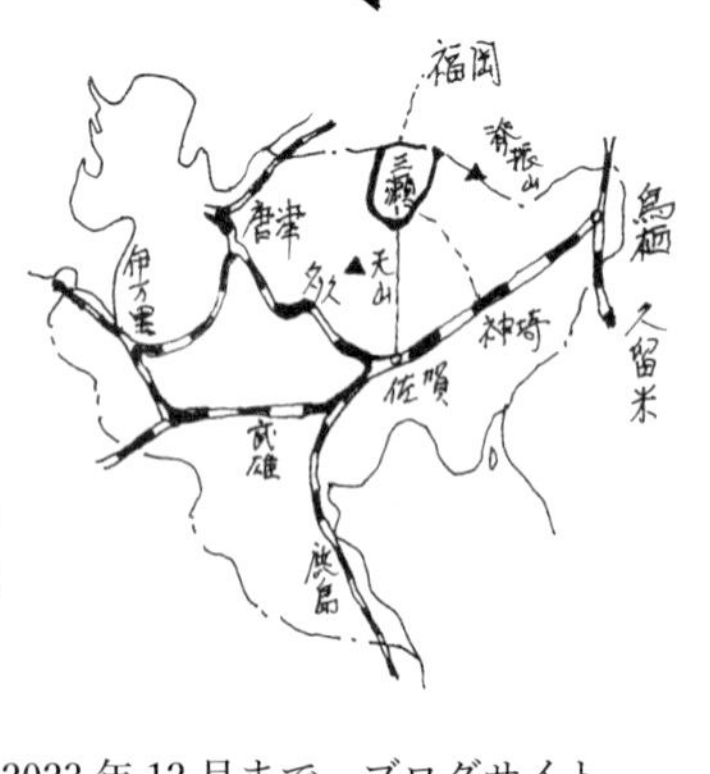

題字・表紙絵・地図　嘉村 孝

表紙：三瀬村今原地区 （イメージ）

裏表紙：村内の石塔

※この本は、2022 年 4 月から 2023 年 12 月まで、ブログサイト『三瀬のおと』に掲載した記事を、再編集して作成しました。

※文中の太宰府及び英彦山の表記は現代の表記にしました。

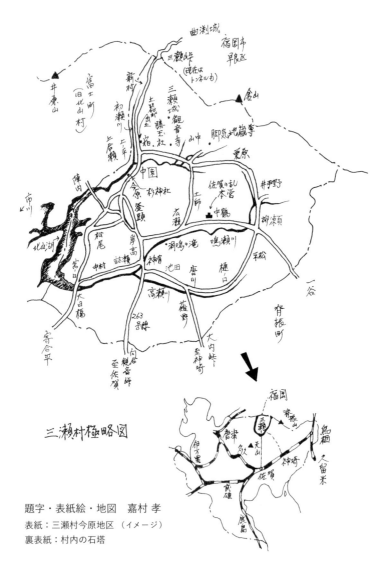

―目次―

古代から「国際的」な三瀬村

佐賀県の霊峰・天山の頂上から北東を臨むと、まるで洗濯板の凸凹のように次々と山並みが見られ、一番奥には右から脊振山、金山、井原山、雷山などが見通せます。太古の平原が北側から徐々に盛り上がって脊振山系がつくられたことがよくわかります。

三瀬村《みつせむら》はこうした山々の一角にある盆地であることは皆様ご承知の通りです。

さてそこで、この三瀬村が単なる山村ではなく、古代から極めて国際的な場所であったということを史跡を辿りながら「ロマン」を交えて記してみたいと思います。

脊振山や金山から遥かに韓国が見えるということを江戸時代の福岡の大学者・貝原益軒《かいばらえきけん》が『筑前国続風土記』に書いています（中村学園大学の貝原益軒アーカイブで参照可）※。私の前著『法律から読み解いた武士道と、憲法』でも触れました。

「背振山は、板屋村の西南に在り。国中にて勝れたる高山也。……山上より四方窺い望めばはなはだしく遠也。秋の頃天気晴朗にし烟靄《えんあい》なき時は、朝鮮国見ゆ。春月霞多き時と云へ共、曇らざる日は、壱岐対馬まで能（く）見ゆ。」、「又里民の云傳ふるは、古《いにしえ》辯才《べざい》百済国より爰に来り給ふ時、乗給ひし馬の背を振たる故に、背振山て（と）名付たりと云。」などと。

今、「脊振」と標記されていますが、そんなわけで本来は「背振」です。富士山の場合、京都や福島からも見ることができ、和歌山県の那智勝浦からの「証拠写真」もネットにあるとおりですから、それよりも距離的に近い韓国との話を述べた貝原説は本当でしょう。そして私は、三瀬からたくさんの土器や石器が発見されていることも、このことを裏付けるのではないかとまさに「ロマン」

※2024年9月現在

ながら思うのです。

宿《しゅく》から山中《やまなか》に向かう丁字路の北、つまり二六三号線沿いからは、韓国などでよく見られる縄文時代の櫛目紋土器《くしめもんどき》が発見されたことが七田忠志先生により『佐賀県史跡名勝天然記念物調査報告（昭和二十二年）』に紹介されています（なお宮崎県立西都原考古博物館『人の来た道―東アジア旧石器時代と宮崎―』に掲載）。

さらには、黒曜石やサヌカイトの石鏃《せきぞく》や破片が今原、松尾、釜頭、岸高などからも出ています。

そして、七田先生は、こうした石器が三瀬峠を越えて福岡側でも点々と発見されていることに興味を示されています。

私の推測をたくましくすると、古代、福岡から登って来た渡来人が金山や脊振山に登って故郷・韓半島を眺め、そんな三瀬に定住して、よそから持ってきた黒曜石などの石器や土器をあちこちに残した。それが七田先生の報告で言うと宿から松尾や釜頭、岸高辺りにまで点々と遺物として残ったのかもしれません（『三瀬村誌』にはさらにたくさんの発見例があります)。そして、元が福岡側なので、石器がそちらからも出るのではないか、と。

私が生まれた今原は、今原と書いて「いまばる」と読みます。九州では「原」を「ばる」と読む地名が多いですが、この原・ばるは、韓国のバルすなわち村落を意味する言葉であるとも言われています。そのため、三瀬は山の上にあるものの、大陸と非常に近い、いわば国際的な場所なのだということをしっかりと自覚したいと思うのです。時代はずれますが、ちょうどそのことを物語るように、福岡側の室見川の左岸には吉武遺跡があり、そこから韓半島にもつながる副葬品が発見されています。さらに、その北には西新町遺跡もあります。装飾古墳、特に福岡と小倉との間にある竹原古墳においては、高麗やもっと北の胡服のようなものを着た武人の絵が描かれ、ここでも大陸との深いつながりが見えます(本当はこの絵と埴輪とは共通しています)。三瀬の遺跡も九州を含む日本全体の古代からの国際交流の一つの証拠になるとしたら、我が故郷ははるか昔から国際的な場所だった！ということが言えそうです。

以上は縄文、弥生、古墳時代の話ですが、その後も多くの人々が三瀬に渡来したことは『三瀬村誌』などにもあるとおりです。これからより広くそうしたことの中身について、時代を追ってお話しさせていただければと思います。大いに「ロマン」を開花させて。

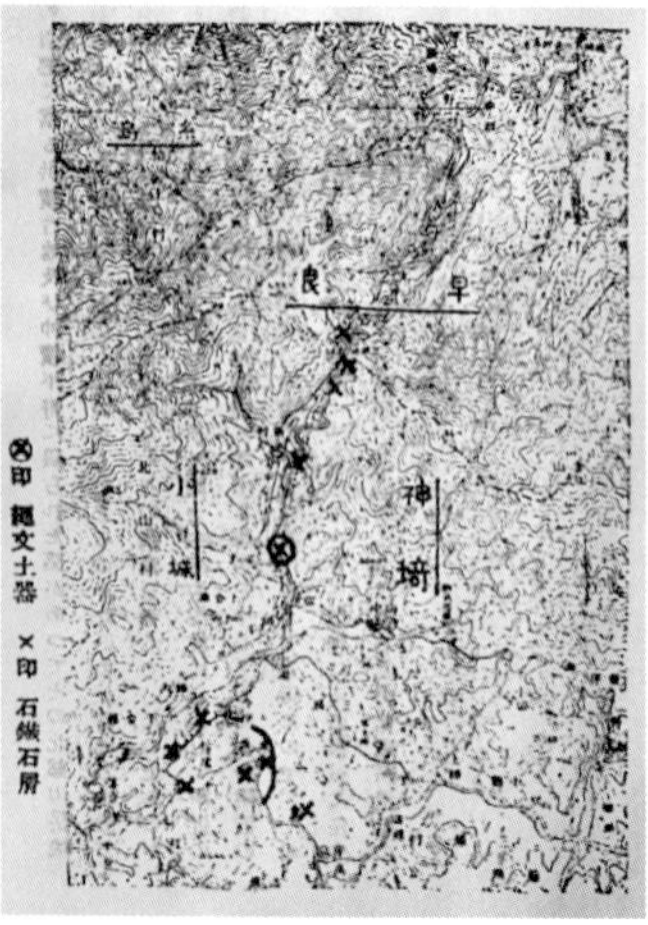

前掲書にある三瀬の略図
（縄文土器出土地）

今原から松尾にかけて、石器出土の場所

竹原古墳

平安時代の三瀬村を推理する

今回は平安時代の三瀬村を推理してみましょう。

三瀬という地名は、初瀬、鳴瀬、高瀬の三つの「瀬」のついた名前の川が合流することに由来すると言われますが、ここではそのうちの初瀬川を取り上げます。

私の幼い時からの友人で、村剣道連盟の会長でもあった庄島雅義さんが、「今原の杉神社の裏には『亀石』があるよ」と言っていました。同神社の祭田に行ってみると、確かに亀のような恰好をした石が田んぼの畦道に置いてあります。

「亀石」といえば、以前奈良の明日香村で見た古墳の外郭が思い出されますが、それの小型版のような石ではあるわけです。

そのことからの…インスピレーション。杉神社のすぐ西を流れるのが「初瀬川」

で、上流、山中には「長谷山観音寺」という名前のお寺が昭和三十八年に火事で焼失するまでありました。すなわち「長谷」と「観音様」がワンセットのお寺です。

一方、奈良県桜井市には有名な長谷寺があります。そのご本尊は日本一大きな観音様です。そこでも「長谷」と「観音様」がセットで、長谷寺の南側には三瀬と同じ「初瀬川」が流れているのです。

加えて桜井市の隣・明日香村の「亀石」。

つまり、三瀬も奈良も「長谷」「観音様」「初瀬川」「亀石」があり、共通の「要素」を持つわけです。

亀石？

なぜ共通なのか。『源氏物語』の「玉鬘の巻」によると、光源氏の彼女・夕顔の忘れ形見・玉鬘は筑紫に下りますが、結婚を断って京都に帰り、母・夕顔を探して長谷寺へ。偶然亡母の侍女・右近と巡り合い、母の死を知る。これも観音様のお導きと謡曲『玉鬘』にあります。

九州と奈良とがここで結びつく?もちろん、源氏物語が完全なフィクションならやはり「ロマン」ですが。しかし一方、三瀬と太宰府とは関係深く、山中には天満宮の「飛梅講社」があったり、平松の祖母も「宰府、宰府」と言っていました。考えてみますと、奈良の長谷寺自体、佐賀県と関係深いお寺です。

というのは、鹿島市には誕生院という寺があります。誰が誕生したのかというと、新義真言宗の開祖・覚鑁《かくばん》上人です。覚鑁は、そこで生まれ、北部九州を支配していた京都の仁和寺へ上り、さらに高野山に行き、トップに上りますが、トラブルを嫌って紀州の根来へ行き、根来寺を造り、新義真言宗を開きます。その奈良における真言宗豊山派の大本山が長谷寺です。つまり長谷寺は、元々佐賀由来なのです。

ついでに山中の観音寺からもうすこし東に足をのばしてみましょう。その地区の名を「ひむき」と言います。「ひゅうが」と同様、南の太陽を向いている「日向き」ではないでしょうか。

もちろん北側は山です。その東側から初瀬川（山中川）が流れ、南側を西に向かいます。そして西には南北に二六三号線です。

私は、この山中・宿地区の構造は、桓武天皇が京都を造ったときの基本的コンセプト「四神相応」ではないかと思うのです。北に玄武(山)、南に朱雀(巨椋の池)、東に青竜（鴨川）、西に白虎（山陰道）、その姿です。三瀬では、山、お地蔵さんから流れてくる初瀬川、池の代わりに初瀬川、二六三号線です。そして、「ひむき」の東北には上記脚気地蔵尊が鎮座。京都で言えば東北の鬼門の鎮守比叡山。一方、西北には祖霊の地としての長谷山観音寺です。

ちなみに私の生まれた家も真北に北極星を背負い、東北に伝照寺、西北に「打ち上げ」と称するお墓つまり祖霊の場所を置いています。南には神代勝利が馬に水をあげたとも言われる池があります。伝照寺は比叡山、池は巨椋の池に当たります。こういうたたずまいは三瀬村のあちこちにありそうで、そうすると、隠れた平安時代の痕跡がまだまだ探せそうな気がします。

本稿を「三瀬のおと」に載せたあと、『三瀬村誌』を確認すると、観音寺と和州、つまり大和とが関係あることが書かれていました。そうすると、上記の推理は正しいようです（ごく最近紹介された『現代を解く・長谷寺考』米田良三も強く同傾向）。

三瀬村は神埼荘の一部だった

前回は、「平安時代の三瀬村」ということで、初瀬川と長谷山観音寺などの関係を書きましたので、今回は、平安から鎌倉へ移るあたりを考えてみます。

三瀬村は平安時代においては鳥羽院の地・神埼荘に属するとされていますが、この点、『三瀬村誌』には、「はっきりしない」という記述もあります。

しかし、三瀬村内に存在する、ある金石文には、「肥前国　神幸荘（もちろん〝かんざきのしょう〟）」云々とありますので、三瀬も神埼荘の一部であったと考えるのがよいように思います。つまり三瀬は、神埼荘、最近で言えば神埼郡の最北端にあたった、ということです。

この神埼荘に関しては東大の五味文彦先生などが、三瀬からいうといわゆる

「下《しも》」の方、脊振、神埼、千代田あたりのことについて『大系日本の歴史・鎌倉と京』などに詳しく書かれていますのでそちらの方を見ていただきたいと思います。

そして、三瀬が神埼荘の一部であったということは、地形や人の動きからも言えるように思います。何年か前までは、佐賀から三瀬に来るには昭和バスで神埼から登ってくるのが一番近かったわけですよね。そんなことをご存知の人もいよいよ少なくなってしまったかもしれませんが。佐賀からまっすぐ登るには道が狭く、屈曲が多くて極めて難渋。ましてや車で登るのは無理。一方、北山回りでは神埼以上に大変という本当に佐賀県で一番山奥の村だったわけです。

神幸荘と書かれた金石文

しかし、上記のとおり神埼方面からは近かったので、例えば私の「嘉村」という苗字にしても神埼にはたくさんその姓を持つ人がいます。また、三瀬には菩提寺が神埼という家もあります。いかに神埼町と三瀬とが強いつながりを持っていたかが歴然だと思います。神埼から三瀬を通って唐津に至る、いわゆる唐津往還を通って、神埼そうめんが北前船で新潟あたりに送られたという話も聞きます。

そして、神埼荘について少し広げて言うと、お隣の脊振町には「政所」や「鳥羽院」という地名があって、伝説ではありますが、承久の乱に敗れた後鳥羽上皇が、実は脊振まで逃げてきて、村人から稗で作ったおかゆを食べさせてもらい、余りの暖かさに、「かくばかり 身の温まる 草の名を いかでか人は ひえ（冷え）と言うらむ」という和歌を詠まれたという伝説や、脊振の鳥羽院には上皇の墓と言われる御陵もあるということは地元の皆さんはご存知ですよね。

そんなわけで三瀬と脊振と神埼とは、強く繋がっていたと思いますが、前回私が書きました三瀬の中の風水、つまり平安時代に流行った四神相応の場所があちこちにあることもそのような神埼荘の一部であることの結果ではなかろうかと思います。

ところでこの神埼荘は、長承二年（一一三三年）、日本の歴史に大きな意味のある事件の舞台となります。すなわち、平清盛のお父さんで神埼荘の預所職であった平忠盛が、神埼荘にやってきた宋の船と直接の貿易を始め、ここに朝廷だけが独占していた太宰府の官貿易に対して一種の風穴を開け、私貿易を開始したということです（『長秋記』）。忠盛はその前後、大いに財をなし、京都に今の三十三間堂よりも、もう少し北の、京都大学の東の辺りに得長寿院という三十三間の御堂を建てたと『平家物語』にあります。

そのようなわけで神埼荘は平家と極めて深い繋がりがあったのですが、治承四年（一一八〇年）年、源頼朝が伊豆で兵を挙げたことは、ＮＨＫの大河ドラマ「鎌倉殿の十三人」に出てきたとおりですよね。その折、安徳天皇は、頼朝の弟・義経の軍勢や豊後大分の大神一族に追われて福岡まで逃げてきた上、現在の福岡県那珂川市安徳に一時滞在し、さらに追われて屋島まで逃げ、またまた九州に戻って壇ノ浦で亡くなったという話です。亡くなるにしても、とにかく、そのパワフルな動きには驚きますね。

その戦いに勝った鎌倉政権は、その結果、神埼荘をどうしたかというと、功績のあった三浦一族に下賜されたと言われています。しかし、その三浦一族が鎌倉初期一二四七年の宝治合戦で滅び、結局、神埼荘三千三百町歩は北条氏のものになりました。三田川の東妙寺がその遺跡です。

そんな具合に、いろいろな氏族がこの筑紫山地の南北で動いたせいか、例えば、これも伝説ですが、安徳天皇は実は亡くなっておらず、二位尼に助けられて筑後で成長し、宋に渡って仏法を極め、佐賀の大和町にある万寿寺（大和不動）の開祖・神子栄尊になった、などという伝説も生まれました。

この辺りから鎌倉時代の神埼荘が、そして三瀬村の動きが始まってくるわけですが、その辺りは次回に書かせていただきましょう。

鎌倉武士の三瀬への渡来

鎌倉時代の三瀬村を考えるにあたっては、やはり千葉一族との関係が一番大きいのかなと思っています。

源頼朝は、治承四年（一一八〇年）に平家打倒の旗揚げをしましたが、当初、石橋山の合戦に敗れ、土肥実平の力で安房、つまり千葉県に避難しました。それを快く迎えたのが千葉常胤であり、そのために千葉家は頼朝から肥前国小城郡晴気保の地頭に補されました。現在の小城市晴気ということになりますが、このこと三瀬村の歴史とは相当につながっているように思います。

そもそも千葉家が小城に領地を得たとして、どうやって千葉から小城に来たのかを考えてみますと、今残っている遺跡、例えば千葉県市川市にある日蓮宗・中山法華経寺の小城にある鎮西本山松尾山光勝寺や千葉神社と同一の妙見社などから考えていきますと（史料としては『成田往還記』も）、これまたロマンではありますが、まず千葉一族は、今の千葉県から東京湾を渡り、横浜市の金沢八景・上行寺から朝比奈切通し、鎌倉の小町大路、つまり日蓮宗の寺町に入ります。

そこにある妙隆寺などを経て、当時守護をしていた伊賀国（三重県）を通り、鈴鹿峠の東にある八風峠を越え、滋賀県の愛知川《えちがわ》を下って後の安土城の辺りを周り、琵琶湖に出る。そして、淀川を下って神崎川から瀬戸内海に入り、今の福岡県糸島市から長野峠を越えて旧小城郡つまり旧北山村に入ったのではないか。そして、北山の無津呂から古湯を通って小城に入っていった。私にはこれが最短のルートだったように思われます。もちろん長野峠ではなく、三瀬峠の可能性もあります。

それというのも、私の「嘉村」という名前の人物が、千葉氏の家来として近江国神崎郡常富荘嘉村から来たと江戸時代の『神代家伝記』に載っているわけです。

つまり嘉村さんは、愛知川を下る神崎郡の常富荘からやって来たわけです。そして、無津呂には今も淀姫神社がありますが、そちらの宮司さんが嘉村さんです。その嘉村家は、戦国時代には嘉村讃岐守と称して神代氏の有力武将となり、川上で討ち死にしています（江戸時代に成立した馬渡俊継編『北肥戦誌』）。もっと小城に近づくと、例えば、天衝舞《てんつくまい》で有名な市川という所がありますが、その辺りは野中氏が治めていたようです。そして、この野中氏も千葉一族です。

ですので、千葉一族は、千葉県から佐賀に来る際、その途中途中に、自分の家来や親戚をちょうど一つ一つの基地のように置いて小城に到達したのではないかと思うのです。かくて千葉氏のメインルート富士町は昭和三十一年まで小城郡でした。

そして、最近まで富士町と三瀬とは通婚が極めて盛んでしたから（『角川日本地名大辞典』より）、そういうことから嘉村という名前が三瀬にもたくさんあるのではないかと思うわけです。特に私の本家に当たる山中地区の場合は、祖父の話によると、その宇土地区の一番入口が嘉村さん、その奥は園田さんや豆田さんという、源平合戦の敗者・平家の名前の人の居住区です（現在、大分県日田市の一部豆田町は平家の町と言われています）。

そのようなわけで鎌倉の御家人や追われた方の平家も、この北山や三瀬に次々とやって来たのではないかと思います。

そもそも頼朝の本拠でもあった特に相模や武蔵などの御家人が広く佐賀県にいます。千葉さんはもとより武藤さんとか渋谷さんとか大庭さんとか三浦さんとか石井さんとか『葉隠』にもたくさん出てきます。

ですから三瀬には、徳川さんとか中原さんといった名前もあります。徳川といえばその本家本元は群馬県太田市の一部の尾島町であり、大久保彦左衛門が書いた『三河物語』にも徳川将軍家の尾島での由来が書いてあります。ただし、それは将軍家のいわば「ハク付け」のために、尾島の新田一族の出だ、と言ったという説もありますから（私は不賛成）、むしろ三瀬の徳川さんこそ間違いない関東武士でしょう。あるいは中原さんは、要は大友氏という鎌倉幕府の法律家であり、小田原には現在も大友という所があります。

こうして三瀬にもたくさんの関東武士がやってきた、と考えると、自分のルーツも全国的に探してみたくなります。

野田周防守大江清秀の来着

『三瀬村誌』によると、鎌倉初期には藤原氏、薙野氏、音成氏などが他の地域から三瀬にやってきた、とあります。

その中で、三瀬の象徴と言える山中の地蔵尊にもかかわる野田周防守大江清秀の話を取り上げてみます。その子孫が後に三瀬氏となり、神代勝利を奉戴して、山内に武威を示したことを思えば野田氏のことは大切です。

このことについては、私がかつてお付き合いした野田誠策さんが、ご自身の出自を調べられて、『関屋村と野田家伝』という本を書かれました。野田さんは戦前に長崎高等商業学校を出られて、海外や国内で大活躍をされ、そのご子息の中には日本石油の会長や日本債券信用銀行のトップなどを務められた優秀なお子様たちがいらっしゃいました。

そんなわけで、この野田さんの本や、『三瀬村誌』、そして口碑のたぐいからこれまた確実な資料は極めて乏しいとは言えますが、書いてみましょう。

まず、鎌倉時代初期、一二四七年の宝治合戦によって、北条氏により三浦氏がほぼ滅亡させられてしまうという日本史上の大事件がありました。伊豆の北条あたりを本貫地とする弱小氏族ながら頼朝を世に出し、北条政子が頼朝の妻だった、というあたりが唯一の強みとも言えた北条氏は、策略によって次々と政敵を滅ぼし、有力御家人の三浦氏についても、宮将軍、摂家将軍の問題にからめて一戦を交え、現在の鎌倉にある頼朝の墓の真下・白旗神社・旧法華堂に三浦一族を追い詰め、そこが一族滅亡の場所と言われています。

野田さんの本によると、この時、やはり開幕以来の有力者で、京都から鎌倉に下った大江一族は、自らも危険を感じ、その一部が下総（千葉県）の、今では醤油で有名な野田に逃げ、以後野田氏を称したと言われます。そして、さらにそこにも危機を感じて、文永元年（一二六四年）西国に落ちのび、三瀬村にやって来たというのです。それが野田周防守大江清秀です。

彼は、最初は杉神社のある「杉屋敷」に。ただし清浄の霊地としてこれを避け、今の山中地蔵尊の近くに館を構え、先に挙げた長谷山観音寺を再興して宗廟としたといいます。

そして、同年、小城山大宮司嘉村左京進宗章つまり、無津呂の人に命じて筑前香椎宮の分霊を祀り、杉大明神とし、杉屋敷に杉一万本を植えて神木としたといいます。

さらに、清秀の子・房儀は花園天皇（一三〇八～一三一八年）の時代、山中から宿に移り、ここに三瀬城を築いたと言われ、その子・野田三郎大江家房が室町時代の明徳四年（一三九三年）、山中に地蔵尊を勧請。次いで、その子長門守大江房家は、応永一六年（一四〇九年）、姓を三瀬とし、その子三瀬土佐守宗利は、享禄年中（一五二八～一五三二年）、神代勝利を迎えて、北肥前二十七ケ村の統将としたというのです。

中国地方の毛利一族も、元は大江氏であると言われていますので、こんな話も大筋は嘘ではないのかもしれません。

そんな野田周防守にゆかりの事象は三瀬村のあちこちにあります。例えば、あるところでは「ソウダべさん」と呼ばれる石碑を村の人たちが昔からお祀りしていたと聞きますが、私の祖父・嘉村忠吾の話では、その「ソウダべさん」は野田周防守の「周防守」がなまったものだという話でした。その他、三瀬を歩いているとあちこちの杉山の中や道路の脇に石碑があります。今となっては誰を祀ったのか分からない石碑も多いわけですが、そうしたものが実は野田周防守たちを祀ったものかもしれません。

そして、脚気地蔵尊は、後には神代勝利の尊崇するところとなり、脚気に効くという効能がうたわれて、中世大いに信仰されたことは皆様ご承知の通りです。特に勝利が帰依したということは、「武将が帰依したお地蔵さん」ということになりますから、足利尊氏が尊崇した軍神としての愛宕権現、つまり地蔵菩薩を本地仏とする勝軍地蔵と同じ信仰形態、いわゆる中世地蔵信仰の最末期に位置づけられる一つの貴重な史料と言えるでしょう。

三瀬と元寇

鎌倉時代におけるもう一つの全国的な事件として、元寇を落とすわけにはいきません。もっとも、三瀬村に直接的な影響を及ぼしたかどうかは、文書上はっきりしていません。

いずれにせよ元は、一二七四年の文永の役、そして一二八一年の弘安の役と、二度にわたり日本に攻めてきました。主たる戦場は、博多湾や伊万里湾の鷹島が有名ですが、例えば、唐津湾の田島神社にも、目の前の唐津湾から引き揚げられた元軍の碇石が置いてあったりしますから、極めて広範に攻めてきたものと思われます。

『三瀬村誌』にも引かれている、『脊振村一黒（一谷）番処原古戦場記』によると、

「弘安四年蒙古来寇し、対州・壱州及び松浦の沿海悉く破れ、我が軍は博多に拒ぐ。賊兵は我がすきをうかがい、東松浦より上陸して、山内を越え博多に出んとす。この時山内の豪族水田兵庫守は病に罹り家に在ったが、その手下および山内諸豪の留守兵を率いて、番処ヶ原にて戦い、賊兵三百余人を殺す。敵兵を追って一谷《いちこく》に至り、病のために馬より落ち、敵に討たれて死す。土人その地に祠を建て、一谷神社と称す。番処ヶ原に古塚多し。この戦の戦死者を葬する所と云う。」

とあるとおり、まずは東松浦、つまり唐津湾に上陸して、ここに言う山内は、旧七山村から昔の唐津往還を通って、北山、三瀬にあたると考えます。

これを防いだ水田兵庫守は、名前から三瀬の井手野あたりの人だったのかもしれません。そして、脊振村一谷で戦いがあったようですから、柳瀬、井手野、あるいは平松あたりから、今の中原三瀬線あたりを通って南に下り、一谷まで追い詰めたけれども落馬して討たれたということでしょうか。

この「番所ケ原」については今、一谷に「番所《ばんしょ》の原《はる》」という名の田圃があるようですが、いずれにしても三瀬のすぐ隣なわけです。

こうして唐津、七山、北山、三瀬、脊振で戦ったとして、その先どうなったかというと、例えば、神埼市の尾崎に伝わっている尾崎のテテップウなどという一種の土笛は捕虜になった元軍の兵隊が伝えたという話もありますから、山を下ってさらに神埼あたりにまで逃げていったのかもしれません。あるいは途中で許されて居着いた兵隊もいたかもしれません。尾崎には、捕虜となった蒙古人を収容したとされる「蒙古屋敷」という土地もあります。あくまでも「かもしれない」話ですが、この三瀬という山の中も元寇に全くの無関係ではなかったのではないかと思います。

神埼市的の人形（手塚辰夫作）

〳〵

また、この元寇で思い出す話として、戦国時代の三瀬の武将神代家の先祖神代良忠は、文永の役の時、今の福岡県・久留米に住んでいたのですが、そこを流れる筑後川の南から博多側へ、つまり小郡の方向に肥後や薩摩の武士を渡すため、後に神代橋と言われるようになった浮橋を架けたという事績もありました。現在は久留米市山川神代の筑後川に、立派な鉄の神代橋が架かっています。

そして、戦いが終わった後、幕府は本来、奮戦した武士に対して恩賞地を与えなければなりませんでしたが、外国を攻めに行って勝ったわけではないので御家人にあげる土地がありませんでした。そこで北条氏は、自分が持っていた神埼荘三千三百町歩を小さな「保」ごとに切り分けて、これを恩賞地としたという話が文献にあります。

先に述べた三瀬の徳川さんや中原さんたち、関東武士の苗字の人たちの先祖はこの時に関東からやって来たのかもしれません。

私が生まれた家も北側には土塁があったり、北極星を真北に背負っていたり、家の工事をしたときに土の中から埋納銭と言われるお金が出てきたり、今でも畑をいじっていると古銭が出てきたりします。

そんなものも中世・鎌倉時代の習俗とかかわっているように思え、三瀬村の持つなかなかの奥深さを感じるところです。

気になって仕方がない『荘園絵図』と三瀬

三瀬の風景を見ていてどうしても思い出すものに『荘園絵図』があります。これは田地の境界を明確にし、領有を確認するための小絵図とされ、最も古いものとしては、東大寺が寺領の開拓を行うために八世紀に製作した『東大寺開田図』があります（『国史大辞典』）。

福井県にある少し変わった名前の荘園・糞置荘《くそきのしょう》は、絵図と現状がピタリと一致することで有名です。

そんな中で、『紀伊国《きいのくに》桛田《かせだの》小絵図《しょうえず》』は京都の神護寺所蔵の重要文化財であり、和歌山県伊都郡かつらぎ町の紀伊川右岸の地域にあった荘園の絵図です。この絵図には丸く黒い点で傍示石つまり境の石が描かれ、赤い線とともに荘園の境界が示されています。南北には山があって、真ん中を東西に川が走り、北側の山裾には八幡宮や御堂があります。田んぼの向こう側には家々が川や山と平行に並んでいます。

この絵図から思いだすのが、私の生家近くの今原から松尾にかけてです。田圃の向こうに家々が並んでいます。その他にも例えば中鶴、池田、詰瀬、中村辺りも、非常によく似た風景だなと全くの感覚的な感想ながら思うわけです。この柿田の絵図では上記のとおり北には八幡宮や御堂があります。そうすると、松尾では、真ん中には善正寺があり、その山門が室町時代のものだと言われていることも併せて、まさにこの室町時代の荘園絵図にそっくりだと思われてくるわけです。

荘園のたたずまい

「門」についてもう一つ気になるのは、鳥栖の萬歳寺《まんざいじ》にも善正寺とよく似た山門があることで、以前から何か関係があるのではないかと考えていました。門の規模や形は鎌倉の瑞泉寺や、覚園寺のなくなった門などとも似ています。

萬歳寺には、室町時代に中国で修業し、応永年間に寺を再興した以亨得謙禅師《いこうとくけんぜんじ》の中国での師・見心来復禅師《けんしんらいふくぜんじ》の頂相があります。国の重要文化財に指定されていて、現在、佐賀県立博物館に寄託中です。そんな萬歳寺とよく似た門のある善正寺が、萬歳寺と何かの関係があったら面白いな、と思います。

私が生まれた今原においても、以前も書いたとおり東北を見れば鬼門の鎮守と思しき伝照寺があり、西北には祖霊の地としての打上げの墓があります。そんな中世の三瀬の村落ではどんな生活がなされていたのでしょうか。

豊田武先生の『武士団と村落』四十七頁及び一九四頁（嘉村『法律から読み解いた武士道と、憲法』七十七頁に引用）では、今でいう長崎県の松浦党について、「恐らく松浦党は、鎌倉時代には、上下ともに小地域毎に村の鎮守を中心として結束し、一族の本家的な地位に立つ有力者がこれらの小党を率いて随時対外的な行動をなしていたのではなかろうか。……神社とともに惣領が管理の対象としたのは、先祖代々の墓地と仏像である。これらはふつう根本開発の所領、とくに館の構内か、その付近に設けられていたが、墓地の附設はこの期になっての著しい特徴である。先祖の忌日には、先祖の墓地のある惣領の館に一族が参集し、惣領が主となって、供養を行うのが当時の習いとなった。『光明寺文書』建仁三年（一二〇三年）の文書に、『但得分に預かるの輩は同心合力し、嫡家においては忌日の勤めを致すべし。』とあるのは、これをよく物語っている。…至徳四年（一三八七年）の『上杉憲方置文（置文は、一種の遺言書）』に、『所々寺院事、惣領外護を致すべし。』と記されている。南北朝期になると、惣領家は一族の統制を強化するため、僧侶を招き、寺院を創建して、これを氏寺とする傾向がいっそう高まっている。」とあります。

この文章は、一昔前まで盛んだった三瀬の供養などの様子を見事に活写したものと言えるのではないでしょうか。

残念ながら私も今は関東に住まいし、三瀬は人口が減って昔のような行事を行い難い現状にありますが、かつてを思わせる「たたずまい」は三瀬にも残っているわけで、これからも大事にしていきたいものです。

以上は、明確な証拠が発見されていない事象で、これも「ロマン」として、考えていただければと思います。

三瀬に残る中世の雰囲気・方言あれこれ

佐賀県全体の方言としては志津田藤四郎先生らの詳しい報告がありますが、頭に浮かぶ代表的なものとしてよく挙げられるのが「とぜんなか」でしょうか。「とぜんなか」は、『徒然草』の「徒然」という字から出ているわけで中世の言葉です。「淋しい」という強さでもなく、もちろん嬉しいでもない。まさに『徒然草』が言うように、「心に浮かぶよしなしごとを…」みたいにぼんやりと考えを廻らしたり…。そんな雰囲気を表しているわけですね。

現在のいわゆる共通語や標準語では到底出せない雰囲気があると思います。私が小さい頃、三瀬に帰ると、今はもう亡くなってしまったおばっちゃんたちから「孝ちゃん帰るね。母さんな徒然なかね」などと言われたものです。

先日、ＪＶＣケンウッド社長の江口祥一郎氏の講演会を主催したところ、彼はいの一番にこの方言を話されました。そのように方言には古語や漢語が含まれているものが多く見られます。

例えば、きつねを「やこ」と言うのは、字で書けば「野狐」ですし、にがうりを表す「くか」は「苦瓜」（中国語もこれ）です。柿のことを「じゅくし」と言いますが、これは「熟柿」という漢字で書くわけです。『葉隠』の山本常朝が書いた『寿量庵中座の日記』の中にも、「熟柿にかよう山烏《やまがらす》」などという話が出てきますから、享保の頃にはよく使われた言葉かもしれません。三瀬の言葉の中に中世や江戸がしっかり残っているということでしょう。しかし、そういう傾向も徐々になくなりつつあるように思います。

例えば、稲を肩に担ぐ「かたげる」という言葉は、最近のようにお米を作る家が徐々に減れば、「かたげる」こと自体もなくなりますから、いずれ消えてしまうかもしれません。「かたげる」については、物を斜めにするという意味で使っている地方もあると紹介されたりしますが、それは「傾ける」という字から出ているわけですから、「担う」という字から出ている「かたげる」とは出自が異なるものでしょう。この辺りは全国的に混ざったりして、場所によって混同されているかもしれません。

伊達政宗の生前について記した『名語集』には、政宗の言葉として、「或時の事なるに、若林御城の川除御普請過ぎ候て、御咄に、…（政宗は）南次郎吉と云ふ小姓を相手にして、如何にもむさき畚《もっこ》に土を入れ、各すすめやすすめや、我等も自身此の有様見よとて、六七度かたげ候故、下々は申すに及ばず、諸侍其の外、普請見物にとて、町々在々の者、川に並居たる者どもまで自ら進みたてられ、一度におめきさけびて、土砂くれ何によらず、手に当るを幸と、持ち寄り持ち寄り、水をせき候故、さばかりの大川なれども、我れ一人の下知に依って、片時ばかりに普請進みしが、かやうの事に付けても、昔なつかしきなり。」とあります。九州と全く同じ用法が仙台にもあったということだと思います。これは、古代から、言葉は京都から広がったので、同心円状に九州にも東北にも同じ言葉がある、ということの一つの典型例なのでしょうか。

こういう種類の言葉は雰囲気や動作ですから、そう簡単にはなくならないかもしれませんが、目に見えるもの、例えば、「みゃーらど」は、「みゃーらど」がなくなることによって本当に消え去ってしまう可能性もあります。「みゃーらど」は「舞良戸」と書く引戸で、要は間仕切りとして木の板を貼った引き戸、重いふすまのようなものです。

ちなみに、教科書等に載っている舞良戸は細い桟が横に貼ってありますが、三瀬の場合は縦だというのは、一般的な舞良戸ではないものを言うのかもしれませんが。

三瀬村でも真っ黒い大黒柱や真っ黒い梁、真っ黒い天井、そして濃い飴色の「みゃーらど」という家が急速になくなっていっています。一方、今は現代建築、マンションの中などに舞良戸を使用するということもあるようで、通信販売などで売っているのを見てびっくりしました。

三瀬の新しい家にこういうものを使えば「みゃーらど」という言葉も残っていくのかもしれません。

みゃーらど

少弐政資と三瀬　―その一―　杠日向守

鎌倉時代が終わって、三瀬の室町時代については、これまた資料には乏しいものの杠日向守の事跡などが『北肥戦誌』などに載っています。

この話をするには、鎌倉時代以降の九州の法的枠組みを踏まえなければなりません。

源頼朝によって北部九州、特に博多は、今の横浜から来た武藤改め少弐氏が治めることに。東九州は、やはり関東の小田原から来た大友氏が治めることに。南九州は、同じ神奈川県の厚木から来た島津氏が治めることになりました。彼らはいずれも関東武士というわけです。

この人たちが守護や鎮西奉行になったということは、法律的な頼朝の任命を受けたということであって、以後彼らはその地位を死守しようとして頑張りました。

三瀬の歴史からは若干外れますが、その典型例が一三七五年に熊本であった水島の変です。南北朝時代、京都から派遣された足利の一族・今川了俊が、自らの勢力とバッティングする少弐冬資をおびき出して誘殺したことに腹を立てて、大友と島津がいずれも「こんなことには付き合っていられないよ」と兵を引き連れて、自分の領国に引き上げたという話があります。そのくらい少弐、大友、島津は固い団結心を持っていたとも言えるでしょう。

しかし、九州という島は桑の葉っぱの形に例えられるようなおいしい形をしていて、その一番おいしいところ、つまり中国や韓国との外国貿易の拠点の博多を狙って来る勢力がありました。それは、中国地方という蚕にそっくりの形をしたところに蟠踞《ばんきょ》する大内氏でした。その大内氏は、博多の利権を得ようとして少弐氏をいじめてきます。それに対して、鎌倉以来の枠組みを死守しようとしたのが豊後の大友氏です。

一方、少し時代が下りますが、佐賀の龍造寺隆信の「隆」は、大内義隆の「隆」の字をもらっていますから、これはまさに中国地方の雄、大内氏と佐賀の新興勢力、龍造寺氏との連携による少弐追い落しです。三瀬は神代氏の代になっても大友側つまり鎌倉以来の枠組みを守ろうとしたわけです。

そんな中で、少弐氏は頑張ります。特に少弐政資は、大内政弘が応仁文明の乱で京都にいる隙を狙って、対馬から一旦は太宰府に返り咲いたのですが、結局はそこを陥れられるということになります。

この過程の中に三瀬が登場します。『北肥戦誌』では、「少弐政尚（政資）探題渋河萬寿丸の事」として、少弐政資が将軍足利義政の御教書を得て、対馬から船百余艘を艤し、その中には朝鮮貿易で得た財宝もたっぷり積んで、博多へ着船。太宰府に帰り着いて、筑前、肥前、豊前、壱岐、対馬の五州の太守と仰がれたこと、しかし、少々調子に乗り過ぎて、宗像大宮司や綾部の足利探題渋河萬寿丸を攻め滅ぼし、さらにその子刀禰丸を追い出したという話が出てきます。

そして、三瀬の杠日向守に対し、筑前の今の那珂川町岩門の亀尾城にいた萬寿丸を滅ぼしたことを述べ、今後一層の協力を求めています。

「去十七日亀尾城切捕候。敵城主森戸修理亮為始十余人打捕候。宗播磨守為人豊馳越高名候。馬場肥前守・筑紫下野守以下総勢あやべのしろへ、十八日未明差寄候。彼敵城内申談族候間、当日可落著候。至早良・横山・大窪伊代守為先勢申付候。此時馳走憑入候。委細経康可申談候。恐惶謹言。

七月二六日　　政資（判）

杠日向守」

太宰府から、今の鳥栖、みやき町、神埼等々が全部連携し、三瀬も北部九州の要地として政資と談合する力を持っていたものと思われます。そんな政資でしたが、少しずつ少しずつ追い詰められていきました。

少弐政資の没後500年に建立の少弐神社（与賀神社内）

少弐政資と三瀬　―その二―　杠平右衛門

前回は、室町時代、少弐政資が対馬に押し込められていたものの、中国地方の雄・大内氏が京都に出払っている間に太宰府を回復し、三瀬の杠日向守らに合力を頼むも、その後再び攻められて相当苦しいことになったという辺りまでできました。

政資は、連歌に秀でていて、「朝鳥の霜夜に寝る日陰かな」という有名な句により「朝鳥の少弐」という名を得ている趣味人です。

そんな政資は、上記のとおり応仁・文明の乱のころ大内政弘が京都にいる間は北部九州の武士を束ね、提携関係にあった大友の力も借りて松浦や有馬を従えていました。しかし、次代の大内義興は政資の振る舞いを将軍足利義尹に伝えて、少弐追討の上意を蒙り、明応六年（一四九七年）一月、四国、中国の兵力を結集して九州に攻め寄せてきます。そのため政資は太宰府を追い出され、今の福岡県那珂川市岩門の城に立てこもり、息子の高経は鳥栖市の勝野尾城に入って大内勢を待ち受けましたが、多勢に無勢。政資は弟の千葉胤資がいる小城市の晴気城へ。一方、高経も勝野尾を出て神埼市の勢福寺城（今の城山）に逃げ込みますが、ここも落とされ、晴気で親子は一緒になります。

そして四月、胤資の計画に応じて、政資は山伝いに多久を目指し、一方、高経は、『北肥戦誌』によると、

「家人杠平右衛門・三郎次郎淳悦主従四人にて、北の方石台越しにかかり、市の川まで落ち延びたりしを、敵なお追いかけしかば、これを防がん為、杠平右衛門も討死す。高経今は逃れぬ所よと同二十一日、市の川の山中にて、とある木陰に立ち寄り、懐中より矢立取り出し、辞世とおぼしくて、

『風吹けば落椎拾う松の下 あらぬ方にて身をばも捨てけり』

と詠んで腹掻っ切って臥した」りと言います。三十六歳でした。

一方、先の千葉胤資も、兄を逃がしたものの晴気城は落ち、切死することになり、政資も頼りにしていた多久氏には助けてもらえず、専称寺で自刃に追い込まれました。

その辞世の歌は、

「花ぞ散る　思へば風の科ならず 時至りぬる春の夕暮」

まさに鎌倉幕府創設以来の九州の覇者としての矜持を背負ったすばらしい歌であると思います。現在も専称寺にはその折、政資が梅を食べて、その核を地面に叩きつけたことから萌え出でたといわれる核割れ梅などの遺跡が残っています。

そんなわけで、高経の墓は現在の富士町市川にあります。

市川といえば天衝舞《てんつくまい》で有名で、三瀬の人にもお馴染みの場所。小城とも多久とも関係深い場所です。上記の『北肥戦誌』からは直接の三瀬との関係には行き着きませんが、高経につき従ったのは杠平右衛門。

江戸時代の『神代家伝記』によると、杠氏は四国から三瀬に来着した氏族とのことで、三瀬の代表的な氏族です。先に記した杠日向守も政資の仲間でした。また、『三瀬村誌』百五頁にも時期がはっきりしませんが、政資から「杠平右衛門尉」にあてた文書が掲載されています。つまりは、高経と相次いで討ち死にしたのは三瀬の人である可能性大というわけです。

その頃、基本的に平野部は大内勢に抑えられてしまいましたので、少弐としては、山内の三瀬や富士町が重要な場所であったと思われます。高経も、三瀬か富士町へと回り、天山の北側を通って多久へ赴く途中の富士町市川で自刃することになったとも考えられます。

こうして、これまたロマンながら、三瀬との関係の深さが思われます。

なお、肝心の少弐ですが、政資の子資元が更に肥前の武士にかつがれて命脈を保ち、特に一五三〇年の田手畷の戦いでは、龍造寺家兼や鍋島清久らの働きで大内勢を撃退したものの、太宰の大弐を称した大内義隆には抗しきれず、資元もやはり多久で自刃。

その子冬尚が小田資光らの推戴を受けて少弐を再興。しかし、大内の圧迫は強烈で、義隆が一五五一年陶隆房に滅ぼされた後の一五五九年、既に離反していた龍造寺隆信らのため勢福寺城で自害に追い込まれました。

そんなわけで、三瀬を含めた山間部は、少弐氏にとっての最後の重要な場所だったのではないかと思いますし、それが後の神代氏に繋がっていきました。

室町時代の三瀬の「韓国との〝交流〟」

前回までに、三瀬村が、室町時代において太宰府の少弐政資らと深い関わりがあったであろうことを記してみました。そしてその当時、少弐はもとより、ほかにも相当たくさんの人たちがこの三瀬を、行ったり来たりしたのだろうと私は思っています。

前回は政資の息子高経が富士町の市川で自害したということにふれましたが、ゆかりの地は三瀬の隣、脊振町の廣瀧にもあるようです。

『北肥戦誌』は、前回引用の箇所に続けて、

「高経法名大幢本高と号す。されば（戦国時代末の）文禄の頃とかや。其霊魂、神埼廣瀧山に現れ、様々の不思議多かりしかば、当国の大守より奏聞を遂げられ、

則ち正一位を送られて大明神と崇められ給ふ。肥前国境原社是なり。

…或はいふ、高経、此時勢福寺の城より出で、廣瀧山へ入り自殺せられしと、非なり。神埼山中廣瀧辺は、少弐の領地なる故、其霊現じ神に崇むべき由告げられけるか。」

と記しています。

すなわち少弐家は、神埼の勢福寺城、今の城山を根拠地のひとつとしましたが、その北、廣瀧辺りまで勢力に入っていたということです。そうだとすると、その先の三瀬も当然関わりがあったのではないかと思うわけです。

／／／

そんな山内と少弐勢力との関係を北の韓国から記したものとして私が挙げたいのが、ハングル文字を作った世宗大王の家来である申叔舟が書いた『海東諸国紀』

（一五〇一年完成）です。

すなわち、同書には、政資の父教頼の「丁亥年、教頼又対馬の兵を以て往きて博多・宰府（太宰府）の間、見月（今の水城）の地に至る。…秋七月、対馬島主宗貞国兵を挙げ、教頼の子頼忠（政資）を奉じて往く。沿路の諸酋護送して之を助く。遂に宰府に至り悉く旧境を復す（既述の通り）。頼忠既に宰府に至り、貞国をして博多を守らしむ。」と、ここまでは先に記した政資の太宰府回復ですね。

そして、「貞国は身、愁未要時に留まり（み、すみよし［住吉］にとどまり・小二殿所管。博多西南半里に在り。民居三百餘戸。）、麾下を遣わして博多を守らしむ。（ちょうどそのころ）肥前州千葉殿、其の弟と隙有り。小二其の弟を右《たす》け、貞国に命じて往きて之を攻めしむ。貞国之を難ず。小二強いて之を遣わす。大雪に値い、敗れて還る。対馬島の兵千の凍瘃し死する者多し。」と。

つまり、のちの政資、当時の名・頼忠が、上記のとおり東西に分かれて抗争していた小城の千葉氏のうち、弟方を助けるよう家来である対馬の宗貞国に命じたところ、貞国はこれを拒否しましたが、強いて行かされ、山越えをしようとして、大雪にあって敗れて帰った、というわけです。「博多西南半里」の住吉のあたり、つまり今の博多駅の西側から小城を目指したとすれば、博多の別府か荒江あたりから早良街道（二六三号線）、そして三瀬を通ってのルートが最も有力でしょう。つまり、三瀬から北側の海外まで続くルートはこれです。

一方、『海東諸国紀』の中には九州の地図があり、それによると「少弐（二）殿」とか「千葉殿」とか「節度使」とかが出てきます。少弐は既述したとおり本来は太宰府が本拠ですが、上述のとおり脊振山地の南側、神埼、小城、そして佐賀も重要な場所でした。千葉は小城。節度使は、みやき町中原の白

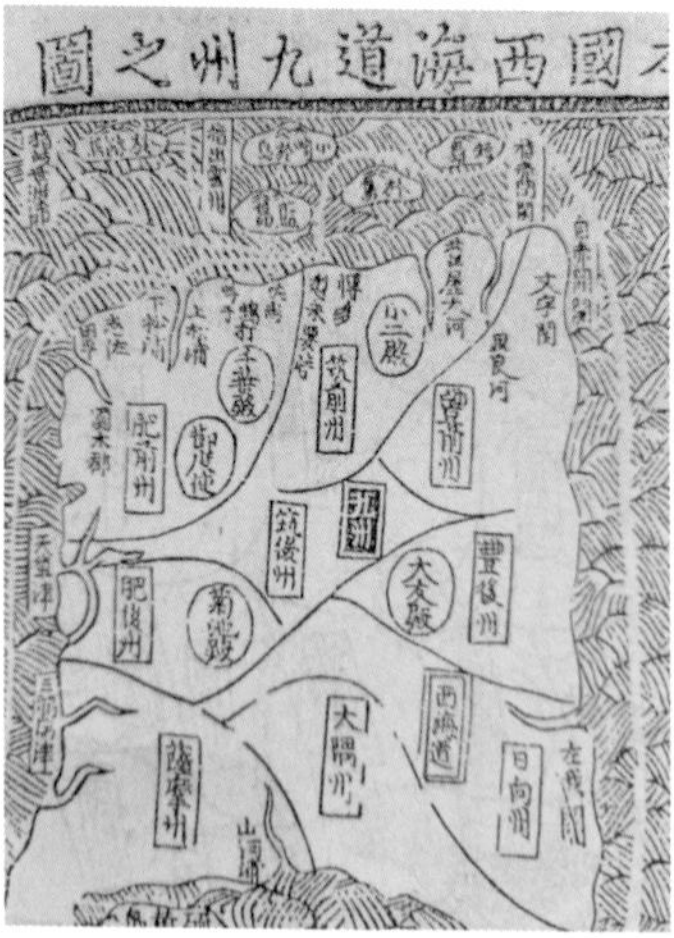

海東諸国紀

虎城を根拠にした足利氏一門の九州探題、渋川です。

これらのさむらいが筑紫山地の南の麓に蟠踞して、どんな動きをしていたのかというと、例えば千葉殿に関して言うと、「己卯年、遣使来朝す。居は小城に有り。北は博多を距たること十五里、民居一千二百餘戸、正兵五百餘あり。書に、肥前州小城千葉介元胤と称す。歳遣一舡を約す。」とあるわけで、要するにこの武士たちは、原則として、博多から何里という筑紫山地の南に彼らの根拠地を置き、何年かにいっぺん、山越え、博多経由で朝鮮貿易をしていると書かれています。

そうだとすれば、この三瀬は北からにしろ南からにしろ朝鮮貿易の有力なルートということになり、今の物流と全く同じ話があったというわけでしょう。

三瀬の雪、このため凍死か

脚気《かっけ》地蔵尊のこと

室町時代のことばかり書いていると先に進みませんので、この辺りで一旦打ち止めにしたいと思いますが、最後に一つ室町文化の来着について最も重要な意義を有するかと思われる山中の脚気地蔵尊について記してみたいと思います。もちろん、これも私は素人にすぎませんので、まさにロマンとしてお読みいただければ嬉しいです。

縁起書によれば、先のとおり、脚気地蔵尊の勧請は明徳四年（一三九三年）、室町時代中期に、野田三郎大江家房によって行われたということです。京都では南北朝合一（一三九二年）のすぐ後、足利義満の時代ですね。そして、後に神代勝利の時代、山野を健脚をもって跋渉《ばっしょう》し、龍造寺、鍋島の攻撃を翻弄し、ひいては脚気によく効くお地蔵さんということから「脚気地蔵尊」という名前がついたとも言われています。

つまり、このお地蔵さんは、武将の尊崇を受けたお地蔵さんだということにもなるでしょう。

そもそも地蔵信仰は、もちろん古いお経にも登場しますが、特に中国の唐の時代に編まれた『仏説閻羅王授記四衆逆修生七往生浄土経』という長いお経が重要で、このお経は、人間が亡くなると七日ごとに裁判官の裁判を受けなければならない。その三十五日目に位置するのが例の閻魔大王で、その閻魔様たち

脚気地蔵・石碑

裁判官の裁きを受けるに際し、遺族が七日ごとの裁判の期日、「亡くなった人は決して悪い人ではありません。こんな供物も差し上げます」という裁判の支援、つまり、よいことを追加して応援する「追善供養」を行って、裁判で勝てるようにするのがそのいわれであるということです。

この信仰は元々中国で生まれたものですから、今現在も中国では、日本と同様七日ごとに供養が行われていたり、あるいはまとめて七人の裁判官の像を前にして遺族が供物を差し上げ供養するという光景があります。

そんなわけで、死後の裁判は地獄や餓鬼道に落ちかねないとても怖いものでした。しかし、その裁判官は、人間が憎くてそんな裁判をしているのではなくて、よくなってほしいからやっている。すなわち、裁判官の本地仏は優しい仏様。特に閻魔様は本地仏としての地蔵尊が姿を変えたもの。だから、生前より地蔵尊を拝んでおけば死後の裁判をうまく処理していただけるという話になりました。

特に鎌倉、室町時代には戦がたくさんあり、その戦で死ぬことを前提に生きているうちにお地蔵さんを大事にしようということになります。そういうわけで、例えば鎌倉の北の入口で刑場跡ともいわれる建長寺には大きなお地蔵さんのご本尊がありますし、いわば鎌倉中にお地蔵さんがあります。

こうして、この信仰はだんだんと現世を救ってくださるお地蔵さんという話になり、特に戦において効き目がある。例えば、飛んできた矢を拾って、それを侍に渡して次の矢をつがえることができるといった「矢拾い地蔵」や、火攻めにあった時に代わりに真っ黒けになって助けてくださる「黒地蔵」とかというさまざまな信仰がおきます。三瀬の脚気地蔵尊もそのようなわけで、武将を救うお地蔵さんとして考えられたのだろうと思います。

私が仕事をしている東京には愛宕山という小山があり愛宕権現が祀られていますが、それは武将が信仰する神仏習合の戦の神です。そのため、愛宕山の麓には甲冑を着た勝軍地蔵の像が置いてあります。京都の今の愛宕神社にも本来あったそうです。三瀬の脚気地蔵尊もまさにそのような勝軍地蔵の一形態でしょう。

そしてもう一つのロマン。以前書いたように、この脚気地蔵尊は山中の日向《ひむ》き地区から見ると、東北の、いわば鬼門の鎮守の位置にありますね。ということは、京都で言えば比叡山です。

その前提で改めて北部九州の山々を考えますと、東から真言宗胎蔵界の象徴英彦山、金剛界の宝満山があり、西が天台宗の脊振山とも言われます。関ヶ原の戦いの後、鍋島勝茂は、西軍に就いて取り潰されかけたことを取り成してくれた西本願寺の准如門主のご恩に応えて、山内の天台宗の寺院を浄土真宗に変えた、とも言われます。

ということは、元々は、金山の登山口にも当たる脚気地蔵尊の辺りは、天台山伏の坊のあとだったかも、あるいは三瀬氏自身がそれと関係があったのかもしれません。明治維新で仏教色がなくなってしまった英彦山にも、よく似た坊のあとがたくさんあることなどを思い出すと、そんなロマンがうかんできます。

勝軍地蔵・東京愛宕山

神代勝利　―その一―　出自について

神代家のいわれについては『神代家伝記』が一般に引かれますが、ここでは、もう少しコンパクトな『北肥戦誌』の記事から拾ってみます。

そもそも『肥前国風土記』にある景行天皇の行幸に従って、神代の直《あたい》が九州に下向し、現在の久留米あたりに居住して一豪族となります。

そして、有名なのは元寇の時、「神代民部少輔良忠が代に、文永十一年（一二七四年）蒙古攻め来たりし時、…筑後川の渡、水増して、諸國の人馬渡る事を得ず難儀成りしに、彼の良忠が計らいにて假橋を架け、諸勢悉く是を渡しぬ。」という話。現在も筑後川には、鉄の神代橋が架かっているので、この話はそれほど嘘ではないのかなという気がします。

南北朝時代の初期、「又其孫神代良基が代に、足利尊氏卿九州御下向ありし時、良基、早速御手に属し、高木・松浦の者共と一つに成り軍功を施しぬ。」と。つまり、尊氏方で戦ったわけですね。

そのあと「今の勝利には曾祖父神代入道道元の故大和守勝元が時、文明の末に当たりて少弐屋形政資に属して、食祿を受く。其子を對馬守利久といふ。入道して宗元と号し、…」、この宗元、もとは筑後にいましたが、蒲池、草野、西牟田らの勢力に抗しきれず、神代の地を去り、肥前の千布に移動。そこで二人の男子を得ます。長男は母方の苗字を名乗り福島に。次男新次郎(永正八年・一五一一年)が家督を継ぎ、若いときは小城の千葉興常に奉公。この頃、家臣に江原石見守という生国武蔵の人がいて、自身の身体が巨大化し、北山を枕に南海に足を浸す夢を見たというので、新次郎はこの夢を金の笄《こうがい》を代価として石見から買い取る。

そして「其後新次郎、剣術・早業鍛錬するに、一々妙を得ずといふ事なく、後には千葉家を立退き、小城・佐嘉・神崎の山々へ入りて上下をいはず弟子とするに、随い靡く事、風に草木の偃すが如し。

三瀬山の城主三瀬土佐入道宗利、新次郎が器量を見て、尋常の者ならず大将にもなるべき者よと思ひしかば、三瀬の城へぞ留め置きける。彼の入道の見し如く、新次郎智・仁・勇の三つ備りて、小城・佐嘉・神崎三箇山の輩に、松瀬又三郎宗樂・畑瀬兵部少輔盛政・合瀬因幡守・藤瀬藤左衛門・梅野源太左衛門・杠紀伊守種満・菖蒲遠江守・藤原但馬守・栗並伊賀守・廣瀧新三郎・小副川因幡守・名尾左馬充以下の頭々、悉く家人となる。斯くて新次郎既に大勢となり、大和守勝利と號」し、「其後勝利、太宰少弐冬尙に属し、山内の輩に下知して所々を知行しけり。…東西は七里、南北五里、その山々へ城郭を取構ぅ。中にも、三瀬・畑瀬・谷田・熊川・千布の土生島に五箇城を築き、筑前の原田・曲淵・佐嘉の龍造寺と武威を争い合戦す。」と。つまりは少弐滅亡後も頑張ったというわけです。

面白い出自ですが、私の考えるところ、室町から戦国にかけてはこんな風によそから移動してきたり、スカウトされたりという武将が結構いたのではないかと思われます。

例の徳川家なども出自はいまいちで、大久保彦左衛門が書いた『三河物語』によれば、その先祖は源義家の流れ。上野国新田郡徳川の郷、今の群馬県太田市尾島すなわち徳川（得川）に代々いたので徳川殿という。足利高氏に負けた徳川親氏が時宗の僧侶となり、徳阿弥と称して諸国を流浪。西三河に立ち寄り、松平郷の有徳人の娘の婿となり家督を継ぐ云々。

神代勝利の場合は徳川に比べるとよっぽどはっきりしているわけで、やはりよそからスカウトされて三瀬の主になったということは当たっているような気がします。今の三瀬にもよそからたくさんの人が来て、益々発展！と、これはなかなか厳しい現実ですが、頑張りたいものですね。

勝玉神社

神代勝利　―その二―　その遺跡など

三瀬の人にとって戦国時代の一番の英雄はなんといっても神代勝利でしょう。その居城は三瀬城であり、宿はその城下町です。勝玉神社は無事ですが、昭和三十八年（一九六三年）観音寺が焼けたのは残念でした。

三瀬城は、その昔登ってみた経験から言うと、縄張りは連郭式。曲輪の配置が本丸の目の前に二の丸がある、という形ですが、曲輪自体はさほど大規模ではありません。ただ、関東は土塁主体であるのに対して、関西・九州らしく石垣がしっかりあるのが特徴かと思います。

神代勝利は、龍造寺・鍋島と戦いましたが、その支配圏は尼寺の南にまで及んでいました。元々北部九州の主・少弐を担いでいたものの新興勢力の勢いには抗しがたく、二回に渡って山内を追い出されましたが、最終的には復帰し、畑瀬に閑居して息子の長良に後を譲り、永禄八年（一五六五年）、畑瀬城に没しました。彼を葬った宗源院は、嘉瀬川ダム建設の都合で墓もやや上ったところに移されていますが、当時のたたずまいは残っているようです。

そこにある彼のお墓ですが、宝篋印塔と呼ばれるものです。宝篋印塔は元々中国の呉越国（九〇七〜九七八年）の王・銭弘俶が父母の菩提をとむらうために、印度のアショカ王の故事に習って作った八万四千の小塔に由来するとされ、鎌倉以来武士の供養塔などがあります。関東型、関西型があり、時代の変化もあって面白いものです。

勝利の場合は、少々細くてさほど豪華版とはいえない、そこがまあ良いところかもしれません。三瀬村内には、これよりも更に中世的かつ立派な宝篋印塔の残欠も見られますが、こちらはやや近世に近い、むしろ近世になって建て替えられたものかもしれません。ただ、小型なのは、その「政敵」であった鍋島直茂と共通する素晴らしさとも言える気がします。

直茂は、自身の墓を小さなものにするように、ただし、敵・神代一党に向けて作るように遺言しました。今の佐賀市宗智寺の話です。

「日峯様（直茂）御遺言に任せ、多布施御隠居を転じて…寺地御取立あり。……兼て思召入られ候御賢慮の儀は、此の以後若し乱世にも相成り候はば、他国より必ず佐嘉へ人数を差向くべき事ある時に、北山筋の儀至って大切の儀と思召され候。右の所へ御遺骸御納まり御座成され候はば、御家中の者共定めて敵の馬の蹄には懸け申すまじと覚悟致すべく候。多布施より内に敵を入れ立て申さず候はば、佐嘉は持ち堪へ申すべしとの御賢慮にて候由。」と。

小さな墓でも、神代方に向けておけば、家来は殿さまの墓が蹴とばされては大変だ、と頑張るだろうという「ご賢慮」による、というのです。プロシヤのフリードリッヒ大王の墓も小さく、英雄共通かもしれません。

そういうわけですが、陣内の万福寺には勝利の孫・千寿丸の墓があったりで、さまざまな故地があり、先にも書きましたが、私が生まれた家の南側には、小さな池があって、叔母の話によると、神代勝利の軍勢が馬に水をやった所とのこと。あちこちで水をあげたのでしょうから、その一つかもしれません。

さらに、よりアクティブな行動を思わせてくれるのが、大日橋から下ったところにある「よいあんでゃーら（寄合平）」でしょうか。弘治三年（一五五七年）の金鏥峠の戦いにあたっては、高野岳から大鐘を鳴り響かせて北山諸郷の軍勢がそこに集まり名尾筋、三反田筋に向かったと言われます。

その他、三瀬にも富士町にもあちこちに城つまりは砦があって、それぞれ興味が持たれますが、私が特に面白いと思うのは、二六三号線を福岡側に下って右に曲がった所、水源地の向かいにある曲渕城です。神代と最後には同盟した曲渕氏の城です。入口には山神社と書いた小さな鳥居が見えるだけですが、ここから上に登るのは、極めて急で大変です。登りきったところに小さな社がありますが、その裏は、どーんと下に落ちています。つまり、いざとなったら渡してある橋を落として避難する仕組みでしょう。上記の通り関西の城は、どちらかというと石垣が多く、三瀬城にも石垣があって感動しますが、こちらの曲淵城では、私は今のところ石垣を見ていません。しかし、その防御施設としての厳しさは、相当なものでで、龍造寺隆信もこの前の道を通って博多を焼き討ちしに行ったという話ですから、いろいろなドラマがあったはずです。

こうして三瀬の「周り」と対比するのも面白いのではないかと思います。

江戸時代の三瀬村

前回までは、戦国時代末期の神代家の話を書きましたが、神代家も長良の代、その子・千寿丸が亡くなったあとはその勢力が相当に衰えました。

それで、鍋島家からお婿さん（直茂の弟小川武蔵守の子犬法師丸）を迎えて、龍造寺・鍋島と和睦。犬法師丸は神代家良と号し、その後、芦刈に転封された上、最後は川久保に一万石を貰って鍋島のご親類格ということになり、結局のところは三瀬の主ではなくなってしまいました。

ただ、山内と呼ばれる北部佐賀は、鍋島に対する独立心が強く、特に背振（脊振）とともに黒田藩との境でもあったことから、山内刀差五百人と呼ばれる郷士のような人たちが住んでいたようです。

そのいわれを『葉隠』では、「勝茂公御代までは山内の者ども神代の遺風にて佐賀に不順のことのみこれあり…」とあって、それに困った藩では、鍋島新左衛門種奏の子舍人佐《とねりのすけ》が三反田の代官に補されてさんざん苦心。その結果、「山内の者共親しく罷りなり、後には舍人殿を主人のように取持ち、それより佐賀へも順々申し候。山内に刀さし五百人仰付けられ、鉄砲一挺用意致し罷りあり候」と記されています。

そして、年初には、藩主が佐賀から大和町の松梅まで出向き、三内の大庄屋に挨拶をし、酒肴を下賜したということでした。

その大庄屋の代表的な一家が、音成六兵衛という人で、この辺りまでくれば、ああ、あそこの音成さんの先祖だな、ということが多くの三瀬の人に浮かんでくるということになります。かくいう私もその流れの一人です。

しかし、江戸時代の三瀬の「歴史」を示すもっと手軽な史料ということになってくると、なかなかはっきりしたものがありません。例えば、後に詳述しますが、慶長十七年（一六一二年）の山本軍助鳥獣供養塔という石塔が今原の杉神社前にあり、その頃山本軍助さんという人が、猟師としてたくさんの動物をとっていたけれど、最後はそれを供養するためにあの石碑を建てたということがわかります。あるいは、肥前の国に特有の六地蔵や鳥居、それに狛犬が三瀬村内にもいくつか見られます。こうした史料は、十二分に保存していかなければならないだろうと思いますが、今は、そのあたりの気配りが欠けているような気がします。しっかり保存しておかないと大変です。

一方、なんといっても、この三瀬の江戸時代は、現在の二六三号線にあたる街道が福岡と佐賀を結ぶ重要な道路であったということが何にも増して貴重な遺産ではないかと思います。

例えば、『葉隠』の主人公とも言うべき湛然和尚は、鍋島光茂により、藩主に直訴した村了という円蔵院の坊さんが死罪に処せされたことに腹をたて、佐賀から松梅を通って福岡の方に行こうとしたところ、松梅でストップをかけられてそこに居つき、現在も湛然和尚の墓が大和町松梅華蔵庵にあり、通天寺にはその木像があるということなどもこの道の重要さを物語ります（下田には石田一鼎の墓もあります）。

幕末の江藤新平、大隈重信らもこの道を通ったことでしょう。それを物語るような旅館のあともあるわけです。

もちろん、現在のように車がまっすぐ通れるようになったのは、ほんのここ二〇数年の話で、それまでは三瀬に車で行くには、神埼経由か北山回りでのバスの場合は二時間もかかったということもありました。本当に三瀬は、自動車時代のはしりにおいては、まさに佐賀のチベットみたいな所だったと思いますが、「歩く」場合、大和の松梅から柚木、向合観音峠を越えて三瀬に入ってきたわけでしょう。

私の父の代も、子供の頃は高木瀬の市場に農産物を出すには観音峠で仮眠して高木瀬に向かっていた、ということでした。眠っていると足の先をきつねにつつかれたそうです。

そんな不便な三瀬村でしたが、現在は全国で佐賀市と福岡市、京都市と大津市、仙台市と山形市が、ただ三箇所、県庁所在地同士が繋がった場所だということの一つとして、三瀬と福岡とは極めて密接であり、そんな有利な地位を生かしていきたいと思います。

山本軍助が建てた「鳥獣供養塔」

戦国時代から江戸初期にかけての三瀬村というと、いくつかの伝説があります。その一つが、山本軍助の鳥獣供養塔にかかわるものです。具体的には、今原の杉神社の鳥居からやや三瀬峠によった東側にその鳥獣供養塔が建っています。これは板碑の一種とされているようです。

本来の板碑と呼ばれる石塔は、鎌倉時代の関東、特に今の埼玉県に始まり、同県に二万基、東京都には一万五千基もあるといわれる石で作った卒塔婆であり、鎌倉武士の移住によって北から南へ、特に佐賀県の場合は吉野ヶ里町の石塔院や、伊万里、また、太宰府などにもたくさんの板碑があります。それらは塔婆ですから三角形の頂上を持ち、その多くに阿弥陀如来がサンスクリットの薬研堀で掘られています。

それに対して、この三瀬の板碑は、蓋石を頂上に冠するもので、一般的な板碑とは異なりますが、この形の板碑が吉野ケ里町、牛津町、太良町などにあることを最近知りました（私に本を送って下さった中野高通さんの『野の仏の風景』）。

そして、この板碑にまつわる伝説が面白く、この板碑には、それを裏付ける銘文や線刻画が施されていることも面白いところです。

その伝説を『三瀬村誌』などから拾ってみます。

まず山本軍助という人は、元は北面の武士・山本上総守の子孫であり、先祖は安徳天皇とともに九州に下向し、両親が三瀬村の初瀬の里で、薬師如来と猪子大明神にお願いして、ようやく生まれた子であるとのことです。

ところが彼は、十八歳の時、猪千頭をしとめる誓いを立てたのです。もちろん当時のことですから種子島の銃ということになり、これを抱えて山野を駆け巡りました。

彼には、妻と母がいたのですが、彼がこの猪狩りを始めると、せっかく生まれた子供が次々と早世してしまい、やっと一人だけ成育するという状態でした。妻や母は「動物を殺めるのはやめなさい」とさんざん言ったのですが、軍助は聞きません。

そして、とうとう五十歳の時、九九九頭までこぎつけました。いよいよ今度は千頭目だというわけで、三瀬の山中、特に山中部落の奥、今でいえば福岡県との境・猟師ケ岩を目指して分け入っていきました。遂に、軍助は大きな猪に出会いました。彼は早速、種子島に弾を込め、猪を撃とうとしたその時、突然猪は白仙の老女に変わり、軍助をじろりとにらみました。驚いた軍助はただ一目散に自分の家を目指して帰りました。そして自宅の上がり框に腰を落とし、呆然としていたところ、居合わせた妻は、半時ばかり前に母がこの世を去ったことを告げました。そして亡くなる前、軍助の先祖のことや、軍助が生まれたいきさつ、そして、自分がその体を身代わりとして仏様に捧げ、軍助ら家族が幸せに暮らすことを祈ると言い残して静かに亡くなったというのです。

軍助は、自分の祖先のことと亥の子大明神の加護による生い立ちのいきさつを知るとともに、自らの一命に変えて殺生を辞めさせようとした母の愛情に感動し、我が無明を嘆きました。そして、長い間殺生を楽しんだことを反省し、迷いから覚めて、自分の出生を助けてくれた薬師如来と亥の子大明神にお詫びをし、以後殺生を止めることにしました。更に、長谷山観音寺の禅師にお願いして自分が撃ち取った鳥獣の供養をするとともに、鳥、鹿、猪の像を刻んだ鳥獣供養塔を建て、自らの罪を謝したということです。

それが慶長一七年（一六一二年）十一月のことでした。この鳥獣供養塔には、十八歳から五十歳までかけて猟師を行ったことと慶長十七年の建立の日が書かれ、さらには、仏様とともに鳥、鹿、猪の線刻が彫られています。

なかなか貴重な文化財ではないでしょうか。

鳥獣供養塔

洞鳴の滝 悲話

江戸時代における三瀬村のもう一つの物語として、「洞鳴《どうめき》の滝《たき》」情死悲話は、どうしても取り上げなければいけない話でしょう。

洞鳴の滝は、ご承知の通り、岸高から井手野に向かう県道を東へ五百メートルほど行ったところにある滝です。昔は今よりももっと高い滝で、道もずっと高いところを走っていたようです。

この話には、先にも取り上げた神埼郡の奥山内の長者、藤原村土師の音成六兵衛重任さんという人が登場します。

この重任さんには善忠という子供がいて、当時十九歳、相当な美少年だったそうです。一方、同じ藤原山の岸高村に田舎には稀な美女、北山小町とも呼ばれたお仙さんという人がいました。何しろ、同じ藤原山の土師と岸高ですからごく近いわけで、二人はいつの間にか互いに心惹かれる関係になっていったそうです。ある日、善忠さんはただ一人、洞鳴の滝に来て、釣り糸を垂れていました。そこに、後ろを通り過ぎようとする人をふと見ると、かねて互いに惹かれあっていたお仙さん。二人は初めてそこで言葉を交わし、楽しいひと時を過ごしたのです。そんな二人は、当然ながら結婚を考えねばならないわけなのですが、善忠さんは奥山内の氏の長者の息子さん。いわば武家の御曹司ということになるでしょう。お仙さんの方は、庶民の子供。二人は、いわゆる「なさぬ仲」になってしまいました。

ところが、父である重任さんはそんな二人の関係にカンカン。善忠さんを呼び出し、二人の離別を厳しく迫りました。そして、しばらくは謹慎の状態にありましたが、ある日の晩、善忠さんはお仙さんの家に行き、二人が結婚できないのならば滝に身を投げて死に、仏国土において思いを遂げようという話になったのです。延宝九年(一六八一年)の正月、二人は洞鳴の滝に身を投げて亡くなりました。

延宝といえば貞享、元禄がこれからやってこようという江戸時代の充実の頃。若い身空で死ぬことはなかったろうにと思います。

村人は、そんな二人をかわいそうに思い、洞鳴の滝の近くにお仙観音を建てました。興味があるのは、その建てた人は、音成六兵衛重任さん、中野仁右ヱ門さん、芹田弥右ヱ門さん、広瀬六太夫さん、古川五兵衛さん、高島又右ヱ門さん、中川宗右ヱ門さん、徳川織右ヱ門さん等々で、今もその名字が残っている方々のいわばご先祖ということになるでしょう。みんな親戚なのかもしれません。

／／／

話が突然飛びますが　この三瀬村、もともと通婚圏というものが極めて狭くて、同じ三瀬村内、あるいはその隣村が九十九％以上と『角川日本地名大辞典』に書いてあります。従って、三瀬村はそのほとんどが親戚同士。例えば私の祖父の大叔父は、二代目の村長山本文吉になりますが、一方私の母方の曾祖母は、その文吉さんとは再嫁したお母さんとの関係で実の兄妹ということになります。そんなことを考えていると、本当に村中が親戚だと思われ、にもかかわらず江戸時代は、「身分」というものがあって、やはり窮屈だったんだなと思う次第です。

もっとも先に書いたとおり、特に中世は遠く四国や関東からまで多くの武士がこの三瀬にやってきたわけで、今の三瀬が積極的に村外の人を受け入れている姿は、その積極性の復活として大事にしていきたい傾向ではないかと思います。

洞鳴（どうめき）の滝

お仙観音

佐賀の乱と三瀬の剣道

明治維新後の明治七年（一八七四年）には、江藤新平や島義勇らを頭首とあおいで、佐賀の士族らによる「佐賀の乱」が起きました。

この時、三瀬村は、特に三瀬峠や小爪峠、椎葉峠において、明治政府軍との戦いの場になりました。『佐賀征討戦記』（陸軍文庫）に詳しく、仮名垣魯文の『佐賀電信録』は、内容の信頼性はいまいちとの話ですが相当詳しく、村井静馬『明治太平記』には、「樹間に潜みて賊徒等官軍を狙撃す」という絵が載っていますし、当然、『大本営日誌』にも登場します。

ともあれ三瀬の士族は、朝倉弾蔵大隊長の指揮の下、佐賀軍に加わり、天険を利し、上から福岡側より登って来る政府軍を迎え撃ち、散々弾の雨を降らせたようです（もっとも鉄砲の数は少なく、いわば神出鬼没で頑張ったのでしょう）。そのことは『頭山満翁正伝』にも載っており、後の玄洋社の仲間たち、例えば安川電機の源流に位置する安川敬一郎さんたちもその道を登って佐賀軍と戦争したそうですが、何しろ上から下に向けて鉄砲を撃たれるので、負けてしまったということでした。

しかし、大勢は動かしがたく、佐賀軍は結局敗れてしまったわけです。

いずれにせよ三瀬村が、そのように佐賀の乱の主要な戦場の一つであったということも、先に述べたモンゴル軍がやってきて柳瀬、一谷あたりで戦争した話や少弐の家来、対馬の宗貞国らが三瀬越えで小城を攻めようとして凍死した話と合わせて考えると、いかにこの二六三号線が重要であったのかが思われます。

そんなわけで、三瀬は神代勝利の事跡もあって、尚武の土地として、それを誇りにしてきたのですが、そのことは、明治に入ってからも大いに盛り上がりを見せました。

私が祖父嘉村忠吾に聞いた話では、明治三十五年の少し前になるでしょうか。佐賀から三瀬にやってきて、宿の肥筑屋に泊っていた人に水戸の東武館の高弟で、千葉周作にもつながる所豊太郎という人がいたそうです。相当な大男だったとのこと。彼は諸国修業の途中佐賀武徳会にいた兄弟弟子の佐々木教士と試合をし、さらに、福岡にいた浅野一麻範士と試合を行う途中山越えで立ち寄ったそうです。そして、山中にいた祖父の祖父音成杢兵衛は棒術の達人だったので、所先生と一晩話し合い、三瀬の少年に稽古をつけてくれと頼んだとか。

その結果、宿の中川民平先生宅を稽古場として、子供たちにしっかり稽古をつけたそうです。

当時、三瀬小学校には、篠木徳平という佐賀の兵庫から来られた先生がいて、その人も師範学校の主将で納富教雄教士から戸田流の巻物をもらった人。この人が、宿での稽古の様子を見に来て、納富教士以上の人物と折り紙をつけました。現に、所先生と篠木先生の二人が立ち会ったところ、先生と弟子程の差があったとの実見した高祖父の話です。いずれにせよ所先生も篠木先生も大したものです。

こうして、もともと神代勝利の事跡をしっかりと身に着けていた三瀬の少年たちは、ますます剣の道に励んでいくことになったのでしょう。それが北部尚武会に繋がり、納富定清先生らのご努力、江島良介先生のご指導による三瀬中学校の全国一位。さらに最近における原口義己元県議会議長や庄島雅義元村剣道連盟会長の努力へとつながってきたのでしょう（もっと功績ある方々もおられると思いますが、とりあえず私の近くにおられた方のお名前を残させていただきました）。

私の祖父も父もおじたちも皆剣道五段。そこに至るには長い歴史があったことと思われます。

明治太平記（三瀬峠の戦闘の図）

明治・大正時代の戦争と三瀬村

明治時代は、まず明治二十七年（一八九四年）に日清戦争がありました。この戦争と三瀬村とは直接私が知ることはないのですが、その十年後の日露戦争、明治三十七、八年（一九〇四年から）の戦争については、三瀬村からも何人もの人が出征して、七名だかの戦死者もあったとのことです。規模的には日清戦争はもちろん日露戦争も、後の戦争に比べればよほど小規模だったわけですが、人口比で言えば、三瀬村は多い戦死者かもしれません。一方、無事に凱旋した人ももちろんあり、私の生まれた今原の杉神社には、凱旋御礼の狛犬が寄進してあります。まさに親戚の名前がそこに刻まれていて、いつもそれを見るとじーんと胸に迫るものがあります。

この日露戦争では、明治三十七年（一九〇四年）二月九日、朝鮮の仁川沖でロシアのコレーツ、ワリヤーグという二隻の軍艦を日本が攻撃したのがまずは戦争の始まりでした。それで、そのすぐ後、祖父嘉村忠吾の話によりますと、釜頭平（今のシルバーケアの辺りでしょうか）で戦勝祝いがあったそうです。その折のことを祖父は私家版の『忠霊塔』という本にこんな風に書いています。

「この頃、日露戦争の火蓋が切られ、『ああ壮絶、ああ滄海、旅順の港を閉さんと、五艘の船に打ち乗りて…』という広瀬中佐の唱がはやり、戦争が盛んになっていった。明治三十七年二月八日の緒戦に仁川沖で露艦コレーツ、ワリヤーグの二艘が撃沈された。その頃新聞は村内に三部位しか来ず、私達にこの報せが入ったのは三月初め頃であった。四月に入ってから勝祝だ。校庭で松永如助の指導により、竹の骨に紙を張ってコレーツ、ワリヤーグと書いた張り子を作り、これを追いかけて釜頭平に行き、火をつけて二艘を撃沈させた。また、宿の野中熊一郎の東の畑には芝居小屋が作られ、戦争芝居が大好評だった。……

高等四年に上がった時、日本は戦争に勝った。明治三十九年五月、釜頭平に徳久曹長、中牟田軍曹、古川徳次郎軍曹その他がやって来て、凱旋祝があった。助役の松石庄三郎さんが祝辞挨拶に、『片や日本、片やロシア、行司アメリカルーズベルト、世界一の横綱同志の大角力も立行司ルーズベルトが「此角力余り長引きますので、行司預り、引き分けと致しまする」これが今度の戦争の有様だ。勝った、勝ったと浮かれてばかりは相成らぬ』というようなことを言われた。なるほど、その頃立派な考えを持っておられたものだと感心している。

祝典の後余興があり、私は合瀬清臣と撃剣をした。ところが、このあとの余興で大騒動がもち上がるとは誰も思いもよらなかったと思う。と言うのは、『福引き』という余興があり、平松の武本某に『夫婦げんか』というのが当たった。人々は景品に何が出るかと息を呑んだところ、牟田口作次校長、徐に壇上より、『夫婦げんかはヌレばよくなる（寝っぎようなっ）』と、手の平いっぱいにつけておった墨汁を武本の顔に塗ったからさあ大変。凱旋兵総指揮官の輜重兵曹長徳久岩吉烈火の如く怒り、名誉の軍人の顔に墨を塗るとはけしからぬと騒ぎたてたからたまらない。一同総立ちとなって大騒ぎ。遂に翌日先生達があやまり、事はどうにか収まったが、結局、牟田口校長は職を辞してアメリカへ。大坪喜三訓導先生も転勤した。」

問題を起こしてしまわれた校長先生もアメリカへ行かれたとは、なかなか大したものです。

こんな具合に、まだまだその時代の戦争は規模的にも比較的小さくて、三瀬村の人にはピンとこなかった部分も多かったのではないでしょうか。その後、第一次大戦には私の父方の祖父が青島《チンタオ》の攻略戦に出征し、これまた日本はほとんど苦労することなく、青島を攻略しましたから無事に帰ってきたわけですが、後の第二次大戦に比べれば、よほど規模的には小さいものだったのだろうと思います。

そうしたことが、かえって後の大戦争を引き起こす一つの遠因になったのかもしれません。その意味で、三瀬村の中にも、すでに明治時代からそうした日本の戦争と関わる人々がいたことを覚えておいた方がよいように思います。

杉神社の狛犬
（日露戦争凱旋の記念）

大正から昭和初期にかけての三瀬の産業組合

佐賀県の主たる産業が白と黒であるということは、かつて言われたことです。白は米、黒は石炭です。

三瀬の場合、白は米、黒は木炭（より大規模な材木）と言えるでしょう。

これらを市場で売るについては、常に生産者である農家と購入する側との緊張関係がありました。一般的には買い取る側の米販売者などの力が強く、値段は彼らの意のままで、農家は弱いものです。そこで、国は明治三十三年、産業組合法という現在の農協、漁協、信用組合そして生協などの基になる、相互扶助をスローガンにする組合つまり共同販売・共同購入などのための法律を作りました。

そして、三瀬の場合も日露戦争直後の明治四十年に徳久昌という先覚者によって産業組合が作られたのです。この徳久さんは、極めて優秀な人で、村長や郡会議員などをした立派な人でした。

ところが、米の相場に手違いを生じて、それを取り戻すため、有名な新東株というものに手を出し、膨大な欠損を出してしまいました。そのため、組合員は、出資一口当たり百二十円とかいう損失を負担させられることになり、おまけに社員が無限責任社員であったため、借金を返すために子供を売り飛ばすようなことまで行われてしまったそうです。こうして三瀬村では、昭和初期のいわゆる農業恐慌時代でも、産業組合、今でいう農協がなく、農家は米買い取り人の「言い値」を押し付けられていたのです。

そんな一方、私の祖父嘉村忠吾は、明治四十三年、十六歳の時一人で台湾に渡り、領事館や製糖会社に勤めて世間に目が開かれていました。現在、台湾最大のボランティア団体である仏教慈済慈善事業基金会、例の東日本大震災の時、四月六日時点で台湾からの寄付金の三分の一がこの団体からでしたが、その会も、祖父が塩水港製糖北埔農場長時代に三瀬のお地蔵さんを意識して勧請した「地蔵尊」が元になっています。

それはそれとして、昭和九年（一九三四年）、時あたかも全国的な産業組合未設置村解消運動が行われた時のこと、祖父は、佐賀県唯一の未設置村であった三瀬村にも産業組合を作ろうという運動を起こしました。もちろんそんな歴史がありますから、破産状態を現出させた産業組合などとんでもないという話が一般で、誰もお金など預けてくれませんし、妨害工作まで起きました。しかし、祖父は台湾で得たお金を使って、トラックを自ら買い入れ、農家が米を公正な価格で売る活動をし、「黒」の方の木炭は市場で競りまで行い、さらには里芋の販売事業も行って、購買事業では、酒や塩の専売権を取ったり、薬などの販売を行いました。こうして、販売と購買とがうまく回るようになって、ようやく信用事業つまりは貯金や貸付も行ってほしいということになったのです。この流れは、祖父が書いた『根に生きて。三瀬村産業組合史』（青潮社）に書かれており、佐賀新聞産業文化功労賞を受賞しています。

身内のことながら、このことは大正末期から昭和の初めにかけての重要な歴史だと思うので、ここに記させていただきました。

さらにそれが、昭和十年代末、戦争が盛んになるとともに、産業組合が農業会、農会という形になり、ついには大政翼賛会になって、日本の敗戦に至ったという歴史も忘れてはならない重要なことでしょう。

いずれにせよ、こうした運動体としての活動が大正末から昭和初期において行われたことが、その後の三瀬村の産業の発展に寄与していることは間違いないかと思います。

三瀬小学校のそばには、これまた祖父が設立委員長として建てた忠霊塔がありますが、その前には、先に忠吾が撃剣をやったことを記した寺田清臣さんの顕彰碑（老人クラブへの貢献）とともに嘉村忠吾の顕彰碑が建ち、以上の経緯が記されています。昭和初期から戦後の一時期を象徴する三瀬の歴史を示したものともいえるでしょう。ちなみにその忠霊塔の前では、のちの横綱初代若乃花らの勧進相撲も行われました。

嘉村忠吾翁顕彰碑の碑文

再建・設立時の産業組合

これからの「農村」三瀬村

『農業政策と農業法制』（竹中久二雄・西山久徳）という名著があります。

その本によると、昭和三十六年（一九六一年）の農業基本法制定以来、日本は「江戸時代」から「現代」に変わったとされます。つまり、それまでは「江戸時代」だったわけです。

この基本法は、日本の工業生産の向上に合わせて農業も変わらなければならないという方針から作られたものですが、結局行きづまり、その後新農業基本法に移行したという歴史があります。

いずれにせよ、確かにこの昭和三十五、六年頃から、旧海軍工廠であった三重県四日市市には、石油化学コンビナートができ、自然の堆肥を使っていた農業は化学肥料となり、ミカン箱で勉強していたのが段ボールとなり、プラスチックのレジ袋が使われ、という風に日本人の生活様式が世界の趨勢共々すっかり変わってしまいました。

それ以前は、多くの家が自給自足体制であり、味噌醤油は自分の家で作り、布団の打ち直しや着物の洗い張りは、それができるのが女性の嗜みとされて、当然の役割のように思われ、一種封建的な社会でもあったわけです。

生家のそばにあったお店は小さな工場のようなもので、毎日、朝からもうもうと湯気を立てて、豆腐をはじめとするさまざまな食品が作られていただけでなく、ヤギを飼っていたり、牛がいたりで、ヤギが子供を産んだときは、その長いへその緒にびっくりしました。

そんな世界だったのが、その後米余りが始まって、昭和四十三年（一九六八年）からは、いわゆる「総合農政」の時代となりました。

三瀬の場合、一軒当たり小さな田んぼが何百枚もあって、「行方不明になった一枚は自分の足の下」などという笑い話があったりしたものです。しかし、その頃までは、反収を上げようと、圃場整備・機械化が進み、山間部にしては比較的広い田んぼになりました。

これらの政策は、当然、人余りをもたらし、都市への人口流出を促すものであり、三瀬村でも、第一次産業が一番多かったのに、その後しばらくしてからは、第三次産業の村になってしまいました。

現代ともなれば、かつては結婚式もお葬式も全て家でやっていたのが、「セレモニーホール」で行うというのが普通です。もちろん、こうしたことにより女性が解放されたことも間違いありません。

一方、さまざまな問題も発生しました。そのような農業は相当な農薬を使用するので、健康問題が発生しますし、現在のように猪が多数出没するという話や花粉症も皆そうした大きな経済的な流れの結果と言ってよいでしょう。

一方、現代世界で声高に叫ばれている、ＳＤＧｓ、ＥＳＧなどに関する問題は、やはりこのような歴史を踏まえなければ、上手くいかないと思います。

例えば先に記した農協にしても、もとはイギリスのロバート・オウエンらに由来するロッチデール公正開拓者組合という、「良いものを少しでも安く、かつ安全に食べよう」ということから始まっています。「共存同栄、相互扶助」です。三瀬村も、そのような人類の歴史を踏まえて動いてきたのであって、村自体が生きた教材として、私たちに汲めども尽きせぬものを提供してくれています。

私たちは今後のサスティナブルな社会を作るについても、大いに三瀬の歴史を勉強したいものです。それははじめに書いたとおり石器時代や縄文時代につながる長く深いものを蔵しています。また、当然のように周辺や世界との関係を持っています。

そんな三瀬村の「奥」をもっと極めていきたい、と申し上げ筆をおきます。

仏教慈済慈善事業基金会の建物群・
台湾花蓮。お寺のご本尊もお地蔵尊

あとがき

三瀬村の元議長・藤野兼治さんや、姉の同級生・納富不動産の納富隆司社長から、福博印刷が運営するブログサイト「三瀬のおと」の編集者、川浪秀之さんを紹介され、二年間の執筆期間が終わりました。歴史や地誌には大いに興味があるものの、職業柄どうしても固く理屈っぽくなります。これでも易しい方かなと反省半分の本著です。

書きたかったことはまだあります。真崎甚三郎大将や西本願寺勝如門主の来村。その折の延覚寺での藤野眞智恵坊守さんの「えすかった」話。山中地蔵尊の分霊ともいえる台湾の普明寺。そこから派生した世界的なボランティア団体・仏教慈済慈善事業基金会の詳細、などなど。

また、冬の田んぼでのドジョウ掘り、夏の「しょうけ」を使っての「どんこ」捕り。懐かしい世界は戻ってきません。孫を小川に連れて行って魚取りをしようとしたらU字溝になっていました。残念ではありますが、三瀬に住む人にとっては便利だし、災害も少ないことを考えればやむを得ないのかもしれません。ただ、経過自体は知っておくのがよいのかなと思います。

そんなわけで、この冊子はまだまだ不十分なものですが、特に古代や中世の三瀬と国際関係の「謎解き」が書けたのは少しよかったかな、と思います。

藤野さんや納富さんはじめ文中に記した、また記してはいない多くの方々のおかげでこの冊子はできました。

そして、編集の川浪さんや発行者の高橋さんには本当にお世話になりました。本書が三瀬の歴史に多方面からの光を当てる「きっかけ」になれば幸いです。

嘉村 孝（プロフィール）

昭和25年（1950年）佐賀県三瀬村に生まれる。幼くして三瀬を離れながらもたびたび帰省。本来歴史家志望であり、東京、佐賀市内、横浜などに居住しながら常に三瀬を見つめ続ける。まかり間違って法律の世界に飛び込んでしまい、現在は弁護士。
小城鍋島家の鍋島京子さん、武雄市出身で東京証券取引所などのビルメンテナンスを手がける株式会社アヅマの創業者・東良雄さんらと共に「葉隠フォーラム」を立ち上げ、学界・官界・実業界の方々らの助力を得つつ、毎月の勉強会は280回に達する。

三瀬《みつせ》の風
～史跡でたどるふる里の歴史～

二〇二四年十一月一日　初版第一刷発行

著　者　嘉村 孝
発行者　高橋 香歩
発行所　編集工房edico
八四九・〇九二六
佐賀県佐賀市若宮二丁目一三‐二七
電話〇七〇・五四一九・八六八三
印　刷　株式会社ロータリービジネス

乱丁・落丁の場合はお取り替えいたします。

ISBN978-4-9913193-1-0
Printed in Japan